SINAIS DE PERIGO NO CASAMENTO

Intimidade

Nataniel Sabino

SINAIS DE PERIGO NO CASAMENTO

INTIMIDADE

DANPREWAN
EDITORA

DANPREWAN EDITORA

Grupo Editorial Danprewan

Editora filiada a

ASSOCIAÇÃO BRASILEIRA DE EDITORES CRISTÃOS

SINDICATO NACIONAL DOS EDITORES DE LIVROS

CÂMARA BRASILEIRA DO LIVRO

COORDENAÇÃO EDITORIAL
Janaina Vieira

PRODUÇÃO GRÁFICA
Glaucio Coelho

PROJETO GRÁFICO DE CAPA
Jonas Lemos

EDITORAÇÃO E DIAGRAMAÇÃO
Rafael Saldanha

REVISÃO
Laura Vasconcellos
Virgínia Cavalcanti

ASSISTENTE EDITORIAL
Débora Silvestre

IMAGEM DE CAPA
Shutterstock – Yuri Arcurs

Copyright© 2011 Nataniel Sabino.

Todos os direitos reservados para Danprewan Editora e Comunicação Ltda. É expressamente proibida a reprodução deste livro, no seu todo ou em parte, por quaisquer meios, sem o consentimento por escrito dos editores.

Danprewan Editora
Telefax: (21) 2142-7000
danprewan@danprewan.com.br
www.danprewan.com.br

CIP-BRASIL. CATALOGAÇÃO-NA-FONTE
SINDICATO NACIONAL DOS EDITORES DE LIVROS, RJ

S121s

Sabino, Nataniel, 1963-
 Sinais de perigo no casamento : intimidade / Nataniel Sabino. - Rio de Janeiro : Danprewan, 2011.
  (Sinais de perigo ; 3)

 ISBN 978-85-7767-039-0

 1. Casamento. 2. Intimidade (Psicologia). 3. Vida cristã. I. Título. II. Série.

11-5277.	CDD: 306.8	
	CDU: 392.3	
17.08.11 23.08.11		028956

Texto integralmente revisado segundo o Novo Acordo Ortográfico.

SUMÁRIO

Apresentação 7
Introdução 9
Felicidade 11
A rotina no casamento 13
Frieza no amor 29
Desinteresse sexual 47
Conclusão 69

APRESENTAÇÃO

O casamento é o sonho da maioria das pessoas e tal sonho vem carregado de enormes expectativas. Reserva-se para ele a esperança da construção de uma boa família e de um relacionamento saudável e feliz.

Porém, não é exatamente isso que acontece. Dentre todas as surpresas que um casamento apresenta, as crises, os desencontros de ideias e os conflitos, são algumas inesperadas que "batem à porta" dos casais.

Casamento é a união de duas pessoas estranhas e muitas vezes incompatíveis, que, não obstante conhecerem as suas diferenças, sonham com a harmonia em uma relação duradoura e prazerosa. Tal sonho é possível de se concretizar, e tem sido assim para muitos casais, mas não sem o enfrentamento dos desafios que surgem diante deles.

Por esta razão, este livro se apresenta como indispensável ferramenta para os casais, pois nele os desafios que aguardam os cônjuges são antecipados na forma de informações e de orientações capazes de ajudá-los a superar com inteligência tais desafios.

É com grande expectativa que apresentamos este livro aos casais, não só aos casados, mas a todos aqueles que sonham em um dia constituir uma família sólida e feliz.

Sinais de Perigo no Casamento é um manual de comportamento objetivo, com linguagem simples e que descortina as possíveis surpresas que os casamentos podem enfrentar, oferecendo, dessa maneira, oportunidade de antecipação nas ações de eliminação dos perigos e, consequentemente, dos riscos que podem abalar a relação.

Nataniel Sabino

INTRODUÇÃO

O casamento é um momento muito especial na vida de um homem e de uma mulher. Porém, há aspectos particulares para cada um. Por exemplo: para o homem, significa a coroação de sua independência e o início da fase em que suas responsabilidades como provedor, protetor e líder de uma família se iniciam. Para ele, essas funções o colocam finalmente no aspecto de responsabilidade familiar, como a última instância à qual recorrer, pois agora, ele é um "chefe de família". Para a mulher, a questão passa mais pelo romantismo, é a realização do sonho de ter, finalmente, encontrado seu príncipe encantado, unindo-se a ele em definitivo para viver uma linda e longa história de amor. Também é quando o sonho da maternidade começa a ganhar ares de aproximação, e é excitante a ideia de constituir uma família.

Além desses significados especiais e particulares para homem e mulher, o casamento também tem um significado comum muito especial para ambos: a construção de um lar, onde a esperança de uma linda e ajustada família enche seus corações e povoa seus pensamentos. A arrumação de uma casa do jeito deles, sem a intervenção dos pais, onde os móveis, os espaços, o cardápio têm a "cara" dos dois. O casamento também significa o fim da solidão, mesmo que a pessoa, antes de se casar, nunca tenha sido solitária. Ocorre que, no casamento, a companhia é especial, é para todos os momentos, dividindo as alegrias e as tristezas, os sonhos e as frustrações, a abundância de bens e até mesmo a sua escassez. Enfim, trata-se do final da solidão em seu aspecto total, de todo o tempo e de todas as coisas relativas à vida de ambos.

Soma-se a todas estas coisas o fato de o casamento dar-se entre pessoas apaixonadas, que terão a oportunidade de se satisfazerem mutuamente nos aspectos sentimental, emocional e sexual.

O relacionamento é tão significativo na vida de uma pessoa que ele deve ser alvo de extremo cuidado e proteção para que não dê errado e frustre esses sonhos tão importantes e grandiosos.

Para que a relação receba o investimento e os cuidados adequados, é importante que o casal fique atento aos sinais que podem apontar para um final infeliz. Para isso, estar alerta quanto aos "sinais de perigo no casamento" é uma ação profilática, pois tal atenção pode eliminar qualquer perigo que venha ameaçar a linda história de amor.

Esta é a proposta deste livro: ajudar a identificar e a eliminar os perigosos sinais que podem destruir casamentos, sonhos e vidas.

FELICIDADE

Felicidade é a companheira de um casal recém-casado. É no início da união que o casal experimenta a tão sonhada felicidade, pois é nele que as pessoas depositam a esperança de, finalmente, viver uma grande paixão, entregando-se a ela sem culpa, medo ou qualquer outro sentimento que possa contrastar com o prazer.

Quem quiser encontrar verdadeira felicidade, deve procurá-la em uma família ajustada. E quem quiser encontrá-la deve buscar a partir de um casamento harmonioso.

Para que haja um casamento harmonioso, onde o prazer de estar casado seja visível nos cônjuges, é necessário identificar quais são os perigos que rondam a relação e eliminá-los.

Este livro é um convite a uma imersão na alma de uma vida a dois, onde os casais são convidados a aprender a identificar os "sinais de perigo no casamento". Além disso, o livro também os orienta sobre como eliminar tais perigos.

Os sinais são sutis, são como cupins em madeira macia. Podem passar despercebidos e, quando menos se espera, as fachadas caem e o casamento acaba.

Este é um livro instrumental, seu conteúdo constitui-se em uma ferramenta importante para os casais que desejam permanecer casados e felizes. Destina-se aos casais que não se curvam diante dos desafios do tempo contemporâneo, e que acreditam e lutam para que se cumpra neles a vitoriosa sentença: "até que a morte os separe."

Muitos não acreditam que seus casamentos precisam de investimentos, pois não veem grandes perigos rondando a relação. Acontece que é errado julgar que somente as coisas grandes são importantes, porque é nos simples detalhes que a união se destrói ou se fortalece.

A tão sonhada felicidade está à espera de casais que se amam, que se casam e que zelam para que os "cupins" do relacionamento a dois não destruam seus sonhos e prazeres.

A ROTINA NO CASAMENTO

Rotina é aquilo que se repete, não havendo surpresas; é um modo de agir incorporado ao comportamento e feito da mesma maneira todos os dias.

Há uma rotina boa, que nos ajuda a organizar a vida. Entre elas estão os hábitos religiosos; o funcionamento da família com a definição de cada um dos papéis de seus membros; os hábitos profissionais, como cumprimento de horário, obrigação de comparecimento ao local de trabalho etc. Esta rotina é boa, pois ela cria um comportamento homogêneo que nos protege da anarquia que nossas emoções tentam implantar. Por exemplo, se não fosse a obrigação de cumprirmos uma rotina de trabalho todos os dias no mesmo horário e da mesma maneira, correríamos o risco de não comparecer ao local de trabalho quando estivéssemos cansados ou aborrecidos com o chefe, ou mesmo quando estivesse chovendo. Essa rotina cria e fortalece uma estrutura de vida que mantém a nossa segurança e a de nossa família.

Existe, porém, a rotina perigosa e maléfica. É aquela que se instala no casamento, tirando totalmente ou em parte a graça do relacionamento conjugal. Esta vai pouco a pouco desgastando o convívio conjugal, provocando perda de energia e deixando a existência sem graça.

Ela ameaça a capacidade de se emocionar e de se alegrar com o cônjuge, pois o funcionamento automático no relacionamento faz com que o ambiente fique triste, sem cor e sem calor. Mesmo juntos, os cônjuges não se alegram, pois é como se não estivessem ali. Tudo ao redor fica triste também. É como diz um trecho da música "A praça" cantada por Ronnie Von: *"A mesma praça, o mesmo banco, as mesmas flores o mesmo jardim, tudo é igual mas é tão triste, porque não tenho você perto de mim"*. Essa música denuncia uma situação triste e perigosa, pois apesar de tudo estar tão belo ao redor, tudo é ao mesmo tempo triste pela falta da pessoa amada. A rotina no casamento cria, de algum modo, essa ausência do outro, mesmo com ele por perto.

Percebam que o problema não está ao redor, ou seja, não é por causa da casa, dos filhos, da condição financeira ou de outras coisas que poderiam ser vistas como barreiras à felicidade, mas sim, na ausência do outro. Muitas vezes o outro está por perto, mas ausente por conta da rotina que se instalou e tirou o calor e a emoção do convívio.

Funciona mais ou menos assim: O marido chega à casa na mesma hora, entra pela mesma porta com a mesma cara-de-pobre-cansado-faminto. Sua esposa está na mesma pia lavando louça, com a mesma roupa furada, encardida e desalinhada. O cabelo é o mesmo dos dias de semana, o cheiro é uma mistura de cebola com detergente; no rosto, a mesma expressão de mãe-dona-de-casa-exausta. Às vezes há um "boa noite!", às vezes não, ele vai para o chuveiro, ela arruma o jantar dele (porque ela já jantou). Enquanto ele come, ela assiste à novela. Na hora de ir para a cama vai um de cada vez. Se vão juntos é porque hoje é dia de sexo, já faz algum tempo que não praticam e estão sentindo vontade. Antes de a relação começar ocorre um "excitante" diálogo, quando ela reclama das crianças, ele do trabalho e do trânsito. Então, tiram a "embalagem" rapidamente, fazem a mesma coisa do mesmo jeito, no mesmo tempo; viram-se para o lado da mesma maneira e dormem. Assim passam-se os dias, os meses e os anos. Tudo é sempre a mesma coisa todo dia, e eles não percebem isso; cada um acha que está fazendo bem a sua parte. Sentem apenas os efeitos da mesmice, mas não conseguem percebê-la.

Há uma cultura errada de que marido e mulher têm de atender exigências formatadas e padronizadas, que cabem a cada e pronto. Parece até uma proposta acertada, pois de fato existem papéis a serem desempenhados por cada cônjuge, que envolvem atividades repetitivas. Porém, a grande questão é: como desempenhar tais papéis sem que o casamento entre em uma rotina entediante?

Tradicionalmente, a maioria dos casais incorpora o seguinte modelo: se a esposa não trabalha, mas cuida do lar, ela deve preocupar-se apenas em deixar tudo bem arrumado e zelr para que não falte comida pronta na hora certa, toalha, xampu, sabonete e papel higiênico no banheiro. Se tem filhos, eles devem estar limpos, alimentados e seguros e o marido deve ter assistência sexual com uma frequência que ele não reclame. Muitas mulheres desenvolvem esse modo de viver como sua suficiente e pesada parte no casamento, e assim vivem seus dias: extremamente cansadas, beirando a exaustão, e infelizmente muitas delas, apesar de se darem conta de tudo isso, veem-se cercadas pelos fantasmas do adultério, da separação e do divórcio. Muitas terminam vendo o fim de seus casamentos, apesar de todo o esforço.

Os homens também têm, mais ou menos, um roteiro de responsabilidades a cumprir: trabalhar duramente para que não falte alimento, assistência à saúde, roupas, educação, lazer, moradia, previdência, atenção aos filhos e assistência sexual à esposa.

É importante destacar que não há nada de errado nessas tarefas e responsabilidades. Ao contrário, ao fazer uma aliança com outra pessoa, o cônjuge está assumindo o compromisso de desempenhar bem o papel que lhe cabe na relação. Perigoso é depositar a plena confiança de que a felicidade conjugal estará garantida pelo simples fato de tais tarefas serem cumpridas, pois as mesmas, com o tempo, incorporam-se ao dia a dia do casal, atendem às suas necessidades básicas, mas não acrescentam nenhuma novidade. Embora sejam imprescindíveis para a manutenção do casamento, elas se tornam uma simples repetição de atividades. Viram rotina.

Muitos casamentos entram em um funcionamento previsível, automático, em que não há surpresas. A vida vira uma repetição de movimentos, e precisa de um esforço muito grande para que os papéis de marido e mulher sejam cumpridos com alguma emoção. A existência perde a graça, a poesia que tempera a vida a dois vai deixando de existir. Belezas naturais como sol, lua, estrelas, flores, pássaros, praias e montanhas são desperdiçadas, pois não entram na programação, nem são notados. A rotina tomou conta, as novidades não existem e as surpresas não fazem parte daquele casamento; aquelas surpresas que os namorados gostam de fazer e que causam impacto no outro, deixando-o sem palavras ou ação...

Logicamente que não é necessário inventar coisas novas, mas usar coisas que já existem e que ainda não fazem parte do dia a dia do casal. Por exemplo, se a mulher preparar o jantar preferido para o marido e usar sua criatividade para enfeitar a mesa, oferecendo-se como companhia agradável, bem arrumada, perfumada e naquela noite não vai tocar em assuntos desagradáveis. Iisso não vai mexer necessariamente no orçamento da família, porém, surtirá um efeito que perdurará por um bom tempo. O marido, por sua vez, poderá surpreender sua esposa com algo que ela aprecia muito. Pode ser um presente ou um passeio; mesmo sendo simples, só o fato de ele dispensar algo que só agradaria a ele, como ver televisão, ajeitar o carro ou ficar parado em casa sem fazer nada, a mulher vai se sentir importante, o casamento ganhará nova energia e ambos desfrutarão os benefícios deste investimento simples, porém, com uma capacidade enorme de fortalecimento da vida a dois. Que tal um café na cama sem que o outro esteja doente? Um bilhete no espelho do banheiro sem que seja uma data especial? E tantas outras coisas simples, fáceis de realizar e que tiram a fatídica e perigosa previsibilidade da vida conjugal. As coisas simples e que estão ao alcance de todos, são as que mais têm a capacidade de fazer alguém feliz. É fundamental para que a relação permaneça sempre prazerosa e agradável que marido e mulher se esforcem para dar novos "ares" ao casamento, os cônjuges merecem! Precisam!

É importante salientar que para sair da rotina não precisa ser, necessariamente por meio de surpresas para outro. Pode ser algo combinado pelos dois, como, por exemplo, caminhar na praia, quando isso já não for um hábito, assistir a um bom filme romântico juntos, mesmo em casa, mas fazendo daquele ato um momento especial só para isso, sem telefonemas, amigos, parentes, filhos, mas somente o casal. A intenção é que a atividade escolhida seja exclusivamente voltada para o relaxamento das tensões do cotidiano e para a aproximação dos dois.

Muitos não acreditam, mas a rotina no matrimônio tende a acomodar o casal como se eles fossem irmãos ou simplesmente amigos, e isto não é suficiente no relacionamento. Não basta fazer o trivial, é preciso inovar. Uma esposa faz falta para o homem no papel de mulher, e não apenas de amiga, assim com um marido faz falta para a mulher no papel de homem, e não apenas de o amigo.

A rotina, a vida sem mudanças, sem novidades, sem motivação, sem romantismo, é um sinal de perigo no casamento. Os cônjuges que identificarem-se desta maneira precisam urgentemente cuidar disso. Surpreendam, quebrem a rotina, respirem outros ares, façam coisas diferentes a dois, visitem lugares diferentes, separem tempo para ficar juntos sem os filhos, conversando e andando juntos pelo parque, pela praça, pela praia, etc. Marido, leve uma rosa para sua mulher; esposa ponha maquiagem só para seu marido, mesmo que não vá sair de casa; dedique um dia no mês para fazer o que o outro quiser. Sejam criativos! Transformem a estrada que os conduzem para o "até que a morte os separe" em um trajeto cheio de prazer a cada dia. Fujam da rotina no casamento.

Os casais que não atentam para isso correm o risco de acomodarem o casamento em um estado "insosso", onde poderão até manter as aparências, mas por dentro, serão como um móvel cheio de cupins, até que chega um momento em que as fachadas caem, e como tem caído fachadas por aí.

Muitos casais se separam, não porque o amor acabou, e sim porque deixaram a rotina tomar conta da relação e não suportaram a maneira mecânica de como se relacionavam, ou então, porque tentaram mudar a rotina de forma errada.

Algumas dicas que podem ajudar a eliminar este sinal

Não tente mudar o outro

Um primeiro cuidado que se deve ter é em relação ao outro, pois quando se tem raiva da rotina, ela normalmente é canalizada no cônjuge, pois presume-se ser ele o culpado. É como o presidiário que tem raiva do carcereiro. Na verdade, ele tem raiva da prisão, mas o carcereiro simboliza a prisão, e desse mesmo modo, é preciso ter cuidado, pois no caso da rotina no casamento, o cônjuge é quem simboliza a rotina.

E quando isso acontece, o esforço para mudar o outro, é empregado erradamente, o que acontece normalmente com críticas, que aumentam o problema, pois a crítica como meio de provocar mudança no outro não funciona, ou acontece como uma tentativa de imposição. Muitos acham que ao criticar o cônjuge, estão ajudando a melhorar a relação, mas o efeito pode ser exatamente o contrário. Neste caso, a crítica só ajuda se for solicitada, e mesmo assim, vai depender muito da maneira como for colocada.

Geralmente, no caso de rotina, os casamentos acabam porque um fica esperando o outro mudar e, como não acontece, vem o cansaço e o fim da relação.

Diferencie a boa da má rotina

Uma coisa importante a se fazer quanto a questão da rotina é saber diferenciar a boa da má. A boa é aquela que está dando certo, que está produzindo resultados desejados, como, por exemplo: Esperar o companheiro para fazer as refeições juntos, levá-lo ao portão quando ele sai para o trabalho, recebê-lo com um sorriso e um beijo quando ele chega a casa, telefonar para saber como está sendo o seu dia (neste caso, deve-se ter cuidado para não se tornar inoportuno, pois isso pode passar a impressão de que se quer controlar o outro). Tudo deve ser feito na dosagem certa: telefonar para informar uma mudança de horário ou de planos, e coisas semelhantes a estas. Estas são ações que se incorporam ao dia a dia do casal e que fazem bem. Eu as chamaria de boa rotina.

A má rotina é aquela em que os procedimentos não produzem resultados satisfatórios ou não apresentam motivação para uma ação desejada. É o previsível que não acrescenta mais atrativos.

Mulher, vire outra de vez em quando sendo você mesma

Uma boa dica para as mulheres que querem surpreender seus maridos é a mudança no visual, porque os homens valorizam muito a aparência. Faz parte da formação do macho ser atraído pelo visual da fêmea. Assim, as mulheres devem valorizar este aspecto em suas vidas. Uma novidade no cabelo, como: corte, cor, penteado; ou então, ficar atenta para aquilo que o marido admira. Tem homem que gosta da mulher com cabelos compridos, então, neste caso, cortá-los pode não surtir o efeito desejado.

Mudar o estilo de se vestir, pôr mais feminilidade no visual, usando mais vestidos, saias, maquiagem, mas sempre tomando cuidado com o exagero. É preciso ter bom senso e procurar ajuda. Existem profissionais que se especializam na composição do visual. Caso não disponha de recursos para consultar um destes profissionais, pode-se recorrer a amigas que tenham mais habilidade com este assunto, ver dicas nos programas de televisão, ler o que dizem as revistas, etc. De qualquer maneira, é importante que a mulher se esforce para atrair a atenção de seu marido para uma novidade que ela tenha preparado para ele. Atenção, lembre-se que é normal **para ele**, porque existem mulheres que se esforçam para aparecer bem para os outros, e não para os seus maridos, e é importante que este empenho seja no sentido de modificar a rotina no casamento. Se o marido gosta de assistir o futebol na tevê, sente-se ao lado dele com um perfume bem gostoso, com mãos macias e cheirosas, faça-lhe carinhos e deixe que tais mudanças chamem a sua atenção. Não fique frustrada se ele não disser nada ou parecer que não notou, pois alguns homens fazem o tipo "durão", outros são tímidos, mas eles notam e ficam muito felizes. Esta felicidade, mesmo não externada, é uma dose a mais de "vitamina" para o casamento.

Mulher, "abandone" a casa

Calma! Não se trata aqui de abandonar a casa e ir embora, mas sim quanto as tarefas e os horários. "Abandone" as tarefas domésticas de vez em quando para dar atenção exclusiva ao marido, mande os filhos para a casa de alguém (que você confie) e dedique-se somente a ele. Lembre-se: sua casa vai sujar todos os dias e você poderá limpá-la quando quiser e ela ficará bem limpa, mas um casamento mergulhado na monotonia, onde o marido tem a impressão de que a limpeza da casa ou das roupas é mais importante do que ele, pode ter um custo maior para recuperar. Então, neste caso, deixar a casa suja de vez em quando é inteligente. Lembre-se também de que seus filhos só estão com você até poderem sobreviver sozinhos, esta é a dinâmica da vida. Eles vão crescer e casar, ou mesmo que não se casem, assim que crescerem eles vão querer viver a vida deles. Você não deve impedi-los. Mas seu marido não terá mais a opção de viver sem você. É bom que ele nem deseje isso; portanto, valorize-o, comece a treinar a viver um pouco mais distante dos filhos e mais junto do marido (logicamente que depende da idade deles). Há casais que se separam logo que os filhos saem de casa pelo fato de não saberem viver juntos, pois não construíram uma relação prazerosa a dois, viveram em função dos filhos, e assim, ficar junto sem a presença dos mesmos torna-se um fardo pesado. Isto não é tudo que você pode fazer para mudar a rotina no seu casamento, mas já é um bom começo. Use a sua criatividade.

Seduza seu marido

Outra questão importante é o âmbito da vida sexual do casal. No início, a aliança do casamento tem no sexo um forte apelo para ambos. É quando os cônjuges se entregam um ao outro com uma grande demonstração de interesse nesta área. A aliança se fortalece com o desenvolvimento da intimidade dos dois. Depois de um tempo, vem a preocupação com a casa, com a carreira profissional, os filhos, e dessa maneira, sem perceber, a mulher vai deixando a área sexual em segundo plano. Neste momento, o marido pode desenvolver a sensação de que a aliança está sendo quebrada. Não relaxe quanto à frequência, a qualidade e as surpresas na vida sexual no casamento, pois no que depender do homem, esta área receberá sempre muita atenção.

A mulher deve desenvolver sempre a arte de seduzir seu marido.

Marido, seja carinhoso e atencioso
Os homens devem lembrar que faz parte da formação da mulher valorizar a gentileza, a educação, o carinho e a demonstração de afeto. Toda mulher tem a necessidade de receber tais tratamentos. Este comportamento chama a atenção da mulher, desperta nela o desejo pela relação. Se o homem é atraído, principalmente, pela sedução de sua mulher, ela, de igual modo, é atraída pelo romantismo, pela poesia, pela música, pela gentileza, pelos cuidados dispensados à ela, pelos elogios e principalmente pela atenção dedicada à ela. Que tal começar por colocar sua mulher em primeiro lugar na sua vida? Talvez você pense que já faz isso, e uma boa maneira para avaliar se faz ou não é comparar o tempo e o gosto com que você realiza algumas coisas que os homens valorizam muito. Vamos começar com o futebol e a sua mulher, por qual dos dois você demonstra mais motivação? Para avaliar a impressão que você passa à sua mulher, compare as vezes em que você reclama de cansaço para ajudá-la em alguma atividade com as vezes que você dispensa o futebol pelo mesmo motivo.

Talvez você não aprecie futebol, neste caso, vamos tentar o carro. Por qual dos dois você demonstra mais cuidado, investimento e atenção? É só analisar o esforço que você faz para comprar um equipamento novo para o carro com o que você faz para dar um presente à sua mulher.

Bom, nem todos os homens são loucos por futebol ou carro, então, que tal um bom papo com os amigos? Verifique o quanto você fala e dá boas risadas com os amigos e compare o tanto que você gosta de conversar e sorrir com sua mulher.

Nem todos os homens param em rodas de amigos, então, pense no seu lazer preferido: pescar, dormir, ler, assistir à tevê, envolver-se em trabalhos religiosos, dar assistência a parentes, etc.

Muitos casamentos enfrentam dificuldades porque os maridos não dispensam às suas mulheres a atenção de que elas necessitam, não colocam suas mulheres em primeiro lugar. Homem gosta de sedução por parte de sua mulher, e ela gosta de carinho e atenção por parte de seu marido.

Os homens erram ao não dispensarem a devida atenção às suas mulheres. Quando, porém, eles têm vontade de ter relações sexuais, procuram suas mulheres e tão logo se satisfazem, voltam-se para o mundo paralelo do silêncio e do aparente descaso. Dê tempo de qualidade para sua mulher, surpreenda-a, atraia-a e conquiste-a mais vezes. Atenção, carinho, cuidados, presentes, passeios, ou seja, novidades; é disso que estamos falando: de quebrar a perigosa rotina no casamento antes que seja tarde.

Críticas e cobranças não consertam casamento, nem melhoram a rotina.

Uma mulher casada deseja — e precisa — tanto quanto uma solteira, ser cortejada, mimada e reconquistada pelo seu marido.

Para dar atenção e carinho à sua mulher não precisa, necessariamente, gastar dinheiro. Agora, se puder gastar um "qualquer" de vez em quando, não faz mal a ninguém, faz é bem.

Um homem precisa enxergar na sua mulher o potencial feminino a ser despertado.

O poeta francês Lamartine passava horas a fio olhando o mar. Indagado se não se cansava de olhar a mesma coisa, ele respondia: "Não entendo como vocês olham para o mesmo lugar que eu e não enxergam o que enxergo." Ao olhar para o seu cônjuge, enxergue além do que os seus olhos podem ver, enxergue o potencial a ser despertado para uma vida mais dinâmica e prazerosa.

Combinem um programa a dois e dediquem-se a ele

Sair da rotina deve ser uma estratégia dos dois. Um programa a dois sempre dá bons resultados, desde que um dedique-se ao outro.

Precisei da ajuda de um amigo em um final de semana e quando fui falar com ele, recebi a seguinte resposta: "Este final de semana prometi à minha mulher que a levaria a um passeio, mas se precisar de mim pode ligar, pois vou deixar o celular ligado". Então respondi pra ele: Se você atender o celular para este assunto, vai estar quebrando a promessa que fez à sua mulher, pois ela esperou tanto tempo e, certamente, criou expectativa de que terá sua total atenção. Ele me agradeceu pelo "toque". São coisas tão simples, e que parecem sem importância, assim como os cupins que também parecem não incomodar muito, até o dia em que a casa cai.

Valorize o que é importante para o outro

Uma mulher estava muito triste com seu casamento. Depois de muito conversar com seu marido, sem que se entendessem, a separação parecia ser o único caminho. Em um certo dia, um amigo do casal perguntou a ela o que ela gostaria de pedir a seu marido. Ela respondeu que seu desejo seria voltar ao quiosque onde se conheceram e ali comer peixe frito. O marido achava uma besteira e, muito embora amasse sua esposa, não lhe parecia que tal desejo atendido surtiria muito efeito, mas, seguindo o conselho do amigo, levou a esposa ao lugar desejado. O casamento deles sofreu uma mudança da "água para o vinho". Surpreendentemente, aquele desejo que parecia não ter muito sentido, deu novo impulso à relação conjugal, e agora, a cada dois meses eles vão comer peixe lá.

Valorize as coisas simples

É um engano pensar que somente as coisas mais sofisticadas e caras podem valorizar os momentos especiais do casal. Muito pelo contrário, são as coisas mais simples que detêm o mistério de causar grandes prazeres. Desde que praticadas com satisfação e verdade, coisas simples podem significar muito e podem fortalecer bastante um casamento. Muitos cônjuges deixam de aproveitar os bons momentos da vida, porque não dão valor às coisas simples que existem à disposição.

Existem inúmeras coisas simples ao alcance dos casais que ainda não foram experimentadas pela maioria deles. Aliás, todo momento presente é sempre envolvido por possibilidades de ser e fazer feliz a quem amamos, quando lançamos mão de coisas simples, mas profundas em significado. Como, por exemplo, colher uma flor e oferecê-la à esposa. Para os homens, este gesto é totalmente desprovido de qualquer poder de satisfazer, mas para as mulheres, esta simples e gratuita ação não se compara à outras muito mais glamorosas e caras.

O mais importante é a iniciativa, mais até do que a ação em si. Ou seja, o marido se agachar, apanhar uma flor e oferecê-la à esposa não é nada de mais, não tem tanta importância em si, mas o fato do marido atentar para a presença da flor, fazer a ligação dela com sua amada, e além disso, interromper o que estava fazendo, seja uma caminhada, uma conversa, ou qualquer outra atividade para presentear a sua amada com algo que é símbolo de amor e bem querer; isto sim é mágico e causa um enorme bem-estar no coração da esposa e no próprio casamento.

Isto vale tanto para homens quanto para mulheres, pois estas também podem realizar algumas ações que vão encantar seus maridos. O importante é lembrar que o que mais conta é o clima que envolve o momento, seja a ação que for. O seu valor estará na intenção e na expressão verdadeira de homenagear o outro.

Não há motivos para deixar o casamento entrar na rotina, pois há muitas maneiras, simples ou não, de afugentar a terrível acomodação do casamento, como: gestos de amor e carinho; passeios; diversões; sentar junto para ler jornal ou revista, assistir a um bom filme, seja no cinema ou no aconchego do lar, conversar sem pressa, sem pensar em outra coisa a não ser no momento em que se vive, entre outros.

Só repetir a vida é perigoso, e não realizar coisas que sejam novidades é extremamente nocivo à saúde conjugal.

Sendo assim, sair da rotina está muito mais ao alcance dos casais do que eles imaginam. Porém, para que tal investimento comece a acontecer, é preciso que haja valorização deste tema no casamento. É necessário que o casal esteja de fato interessado em tratar a união com estima. Cônjuges que não se preocupam se a relação está ou não entrando na rotina, invariavelmente a experimentarão. Um perigo!

Quando foi a última vez que vocês fizeram alguma coisa pela primeira vez? Aprendam a quebrar a rotina. Ainda tem muita coisa nova para se fazer a dois.

FRIEZA NO AMOR

O maior vilão das separações conjugais é o esfriamento do amor. Sempre que ocorre um divórcio, o mesmo vem seguido de uma série de explicações que tentam justificá-lo, mas, no final das contas, é o amor maltratado e enfraquecido que leva o casamento à falência. Todas as demais situações perigosas para o matrimônio, ou seja, tudo o que aparece como razão para a separação, tais como: falta de diálogo, ciúme excessivo, agressões verbais, etc., são potencializados quando o amor esfria. Na verdade, todos os casais já se casam com uma predisposição para o conflito, pois eles são diferentes e, portanto, incompatíveis. O que vai potencializar esta incompatibilidade, levando-a ao nível insuportável, é o esfriamento do amor. Este é como um terreno super adubado, onde todos os outros problemas conjugais se proliferam fortemente. O amor é a base de um casamento prazeroso, respeitoso e duradouro; é ele que o sustenta quando o casal está cansado de lutar, quando marido e mulher estão aborrecidos um com o outro e quando tantos outros problemas "batem à porta" de um casal com frequência. Investir no amor conjugal é, então, a saída para fortalecer o relacionamento tornando-o capaz de suportar as pressões e de seguir com prazer.

Antes de falarmos em frieza no amor é preciso ter, ainda que em tese, o conceito de amor. Muitas são as tentativas de explicar este ato amar. Porém, a grandeza do amor o coloca em um patamar inacessível às análises humanas. Suas matizes e desdobramentos são tão grandiosos, múltiplos e complexos que não podemos atingi-los. Para se ter uma ideia dessa grandeza e complexidade, a Bíblia diz que "Deus é amor", e ninguém consegue definir Deus.

Eu, particularmente, tenho o seguinte entendimento: amar é ter o desejo, a vontade e o esforço necessários para fazer o outro feliz, sem desejar nada em troca. É sentir prazer em ver a felicidade da pessoa amada. É importar-se com os interesses do outro. Penso que isto é amor: quando o desejo de fazer o bem é o sentimento, e a vontade é a ação empregada para tal realização. Se existe o desejo de proporcionar felicidade, e este desejo é seguido da ação que a proporcionará sem pedir nada em troca, isto é amor.

Podemos equacionar o amor da seguinte maneira: Desejo de amar + Vontade de amar + Atitudes de amor = Sentimento de prazer (amor), onde: Desejo de amar é um sentimento espontâneo (nasce no coração); Vontade de amar é a decisão em fazê-lo, (vem da razão) e Atitudes de amor são as ações que caracterizam o amor. O resultado é um sentimento de prazer por estar ao lado de outra pessoa. Quando se tem o desejo de estar próximo, mesmo na inexistência dos demais ingredientes, o mais provável é que seja paixão, ou atração sexual. Neste caso, diferentemente do amor, quando a satisfação acaba, a relação "morre", pois faltará a vontade (decisão) de amar e as atitudes de amor (ações que reaquecem-no). Por isso a Bíblia diz: "o amor nunca acaba". A conclusão que chegamos é que amor é sentimento (desejo), mas é também vontade (ação). E que a vontade (atitudes de amor) é que vai sustentar o desejo, não deixando que se acabe.

Não iremos nos enveredar pelos caminhos dos diversos tipos de amor, não é a proposta deste livro, mas nos contentaremos em ajudar o casal a identificar se há sinais de frieza no amor em seu casamento baseado no entendimento acima.

O verdadeiro amor não se resume em um sentimento de atração muito forte. Isto é paixão ou atração sexual. Muitos erradamente chamam tais sentimentos de amor, e de vez em quando nos surpreendemos com casais que se "amavam" tanto sendo vitimados pelo divórcio ou pela indiferença conjugal. A paixão, a atração sexual ou os outros sentimentos similares, não suportam as pressões que vêm sobre o casamento, e somente o amor é forte o suficiente para crer, esperar, renunciar, suportar e, finalmente, erguer o troféu da vitória conquistado nos embates enfrentados diariamente pelos cônjuges em seu relacionamento.

A partir desta ideia, fica mais fácil a identificação dos sinais de frieza no amor na vida conjugal. Cada um deve avaliar até onde seu desejo em fazer o outro feliz está presente e, se existe a vontade, isto é, a ação, o esforço para fazer de fato o outro feliz. A falta deste sentimento e desta ação é um perigoso sinal na vida a dois.

Podemos identificar o esfriamento do amor por meio de alguns sinais, como, por exemplo: expressões de tristeza no cônjuge que passam sem serem notadas pelo outro, visitas ao médico que não contam mais com o interesse do outro pelo diagnóstico; muito trabalho realizado por apenas uma das partes que não desperta mais a misericórdia do outro em ajudar; a procura por um dos cônjuges por uma ocupação sempre que o casal tem a oportunidade de ficar junto, impedindo este momento; etc.

Uma das características mais claras do amor é o prazer em estar junto e em compartilhar os momentos, mesmo que sejam aparentemente sem muita importância, como ler jornal, apreciar uma paisagem, tomar um café, entre outros.

Um amor fortalecido tem a capacidade de transformar desafios difíceis em algo a ser alcançado com muita motivação. Quando ele está saudável, a presença do cônjuge alegra os momentos, sejam eles quais forem, traz estímulos diante dos desafios e traz encorajamento nas dificuldades. Torna-se mais prazeroso realizar tarefas difíceis e cansativas quando a pessoa amada está presente.

Desta maneira, pode-se dizer que a falta de interesse em ficar junto e em compartilhar os momentos, além de não se importar em cuidar e em dar atenção ao cônjuge, é um sinal de esfriamento do amor, e quando isto acontece, cria-se um ambiente hostil, frio e solitário, o que, geralmente, provoca a indiferença em permanecer casado.

Não há prazer em um casamento onde o amor é frio e desinteressado. Mesmo que a situação econômica seja boa, que a presença de filhos alegrem o lar, que estejam diante de algumas conquistas, se o relacionamento vai mal, todas as outras coisas, por mais importantes que sejam, perdem a capacidade de conferir prazer à pessoa. Em um casamento onde todas as coisas dão certo, mas a relação do casal é precária, os cônjuges, caso não se separem, optam por viver como parceiros que cuidam mutuamente dos interesses comum da família, tais como: criação de filhos, negócios da família, etc. Não é raro encontrarmos pessoas reclamando que seus casamentos mais parecem relacionamento entre irmãos, devido a ausência de romantismo, de namoro e de outras ações que caracterizam um bom casamento.

Estes sintomas: ausência de romantismo, de namoro, de boas conversas a dois e de outros mais, não são a causa do esfriamento do amor; ao contrário, é um amor mal cuidado que provoca o surgimento deles no relacionamento conjugal. Isto significa que não adianta tentar eliminar tais sintomas sem antes cuidar do amor. Sem um amor aquecido, não haverá motivação para fazer o bem ao outro, e desta maneira, qualquer ação neste sentido se tornará artificial e provocará mais distanciamento que aproximação.

As ações amorosas em um relacionamento saudável não são atos isolados nem forçados, mas hábitos naturais no dia a dia. Quando há amor verdadeiro e aquecido, as atitudes mais simples na união têm o poder de seduzir e de fazer bem ao outro. Quando uma pessoa é amada de verdade, não apenas em palavras, ela sente a força e o prazer do amor até no silêncio do outro.

Em um relacionamento em que não há amor aquecido, todos os esforços para agradar e tornar a relação mais prazerosa, por maiores que sejam, tornam-se inócuos, e não têm qualquer capacidade de satisfazer. Há muitas pessoas tentando consertar o casamento, mas o fazem pelo lado errado, pois querem eliminar os sintomas de um "mau casamento", mas se esquecem de investigar e se eliminar as suas causas. Frieza no amor é causa e é a mais comprometedora dentre todas. É preciso ter esta consciência e empreender esforços para eliminar este perigoso sinal na relação.

No entanto, nenhum casamento se ajusta com o esforço de apenas um dos cônjuges; é preciso que ambos tenham o entendimento da necessidade de investir na relação e que se esforcem para que tal investimento aconteça. O tempo não resolve problemas no matrimônio. Ou eles são resolvidos pelos cônjuges ou permanecerão como fantasmas a assombrar o relacionamento durante a vida inteira. Algumas pessoas preferem não tocar nos assuntos mais dolorosos; há aquelas que agem até com indiferença, na esperança de que os mesmos caiam no esquecimento, entretanto, isto não ocorre, por mais que se esforcem para acontecer. Feridas que não são tratadas não são curadas, infeccionam cada vez mais.

Casais que, em vez de enfrentarem os problemas conjugais e tratá-los, preferem ignorá-los como se não existissem, estão apenas adiando o dia do enfrentamento. As feridas abertas no relacionamento conjugal permanecem abertas nos corações dos cônjuges, eles podem até ignorá-las, fingir que não existem, entregá-las ao esquecimento, etc., mas é uma questão de tempo para que as mesmas voltem a sangrar novamente, trazendo mais dores e lembrando que aquele casamento não está bom. Com o passar do tempo, isto cansa as pessoas, e é por isto que muitos não suportando as dores e o cansaço, optam pela separação.

Um casamento passa por muitos e variados testes. As pressões enfrentadas em um convívio conjugal só podem ser enfrentadas e vencidas quando houver um amor fortalecido.

Recebi em meu consultório um casal que estava decidido pela separação. No entendimento deles, não havia qualquer outra possibilidade para a união. Foram me consultar apenas pelo fato de não quererem ficar com a consciência pesada depois do divórcio. Após ouvi-los, constatei que a situação realmente estava bem difícil. Muitas mágoas acumuladas, desrespeito mútuo, frieza no tratamento, decepções, orgulho, egos feridos, desinteresse de um pelo outro, agressões, rejeição, ódio... feridas, muitas feridas sangrando.

Não havia por onde iniciar um aconselhamento que pudesse surtir efeito. Permaneci um tempo pensando em uma maneira de introduzir uma fala que pusesse despertar um mínimo de interesse neles em repensar a decisão. O problema é que, em função do estrago que fizeram na relação, nem eu sabia o que sugerir, foi difícil pensar em alguma proposta. Por onde eu pensava em abordar já havia uma enorme ferida aberta, muitos casais deixam seus casamentos chegar a um ponto praticamente irreversível, cheios de mágoas, como terreno minado.

Até que fiz a única pergunta que poderia definir a possibilidade de uma nova tentativa para consertar os estragos: vocês ainda se amam? O marido abaixou a cabeça em silêncio e a esposa, a mais intransigente na conversa, começou a chorar. Percebi que não era um choro qualquer, mas choro de perda. Naquele instante notei que havia uma chance remota, mas real, a porta de volta a um bom casamento estava destrancada.

Com certo esforço responderam que "sim", eles percebiam que se amavam, mas o amor estava ferido, espalhado em seus corações como detonados fragmentos de uma luta infinda, sem tréguas e com requintes de crueldade. A dor que sentiam era tão grande e tão presente que após a resposta de que ainda se amavam, iniciaram uma série de acusações mútuas.

Apesar de ainda se amarem, eles estavam decididos, não queriam mais tentar, preferiam não criar mais expectativas e se frustrarem novamente. Havia um filho presente nesta guerra, e em prol da criança, preferiam pôr um ponto final na história e cessarem com o sofrimento. É interessante como os casais acham que separação põem fim no sofrimento, mas isso é um engano, nem as pessoas que se separam deixam de sofrer (se um dia se amaram de verdade), nem os filhos da relação ficam em paz com seus pais separados.

Raiva era o sentimento dominante em ambos. Porém, pelo fato de confessarem que ainda se amavam, disse a eles que era possível resolver todo aquele conflito e reconquistar a felicidade. Onde houver amor, mesmo que ferido e enfraquecido, é possível recomeçar e ser feliz.

Propus um trabalho para resgatar o amor como um plano de prioridade, tratá-lo antes de tudo e fortalecê-lo para que, a partir deste fortalecimento, as feridas pudessem ir cicatrizando até serem curadas. O amor pode curar feridas, o tempo não. O amor é a base forte a partir da qual tudo é possível. É fundamental em um casamento onde se deseja a felicidade, respeito, segurança e durabilidade, e que se invista no fortalecimento do amor.

Nenhum relacionamento deve ser uma "cruz". Apesar de todos os seus desafios, ele deve ocupar um lugar especial na vida de cada cônjuge, criando um contínuo sentimento de prazer. Desejar a companhia do outro, compartilhar a vida e esforçar-se para fazer o outro feliz são ações naturais de quem ama. Este protege o ser amado (não confundir com ciúme, pois quem o sente exageradamente não ama, apenas se sente dono), importa-se, interessa-se pela vida do outro, pelas conquistas do outro, pelos sentimentos do outro. Quem ama é feliz por fazer feliz o alvo de seu amor.

Quando este comportamento não está presente na vida conjugal, isto é um sinal de que o amor está esfriando. E, como este não é um mero sentimento, mas uma escolha, é preciso esquentar o amor, é preciso pôr a vontade de amar em ação e não apenas conviver com o outro.

No início do casamento tudo é muito lindo, o respeito pelo outro, o interesse pelo cotidiano do outro, o esforço para fazê-lo se sentir feliz, etc. Estes comportamentos inspiram o amor e fortalecem-no no outro também.

Mas com o passar do tempo, se não houver atenção e cuidado, os cônjuges se acomodam em um relacionamento mecânico, sem emoção, sem abraços calorosos, sem beijos apaixonados, sem prazer pelo cheiro do outro. Casamento sem emoção não tem graça, torna-se um convívio sem vida, o diálogo não existe mais, e em seu lugar, apenas instruções são passadas de um consorte ao outro.

O amor pode esfriar no casamento. Se ele não for cultivado e demonstrado por meio de palavras amorosas e de carinhos, com o tempo, esfriará.

Se o amor é desejo e ação, então, posso escolher amar, e assim, reaquecer o coração que despertará o sentimento nele esfriado.

Quando o amor esfria, a vida conjugal perde a cor e o brilho. O tempero que dá sabor à vida a dois é o amor. Então, é preciso avaliar como está a situação do casal neste aspecto, conversar a respeito e, de maneira criativa, reaquecer o amor, despertá-lo do sono perigoso, pois a frieza no amor é um sinal de perigo no casamento.

Em relação ao casal que mencionei anteriormente, eles estão vivendo maravilhosamente bem. **Houve** um milagre, pois o amor faz milagres. Sempre que têm oportunidade eles falam do casamento com um enorme orgulho e prazer. O testemunho deles tem ajudado a muitos outros casais. Palmas para o amor, parabéns ao casal e glórias para Deus!

Algumas dicas que podem ajudar a reaquecer o amor conjugal:

Frieza no amor não é causa, e sim, consequência. Assim sendo, a primeira coisa a se fazer para resolver os casos de frieza no amor é investigar o seu porquê. Não é fácil, pois para quem quer resgatar o amor, a motivação é imprescindível, e quando o amor está frio, ela é praticamente inexistente. Logo, é preciso querer reaquecê-lo e esforçar-se por fazê-lo.

Tenha consciência de que o amor não esfria sem motivos

É importante saber que o amor não esfria sem motivo. Caso não haja esta consciência, os casais vão tentar resolver o problema tratando os sintomas, e não as causas. Tratar sintoma é como dar remédio para febre sem se importar com o que está causando-a. Isto não resolve o problema, pode até afastá-lo por um tempo, mas ele volta.

Quando não se tem consciência de que o amor esfria por alguma — ou algumas razões — abre-se espaço para a troca de acusações infundadas, as quais só magoam mais as pessoas e aprofundam mais a crise. As críticas fazem mal ao relacionamento, e se forem infundadas, o mal que fazem é ainda maior.

Parece muito óbvio, e na realidade é, mas, apesar da obviedade, o pensamento analítico é praticamente inexistente quando há emoção. Pessoas aborrecidas e magoadas são conduzidas pelas emoções e, nestas circunstâncias, até o óbvio deixa de ser claro.

Então, fiquem atentos ao primeiro passo para eliminar a frieza do amor no casamento. O amor não esfria sem motivos.

Investigar a causa do esfriamento

Uma vez conscientizado de que o amor se esfria por causa de alguma coisa errada, então o segundo passo é descobrir o que foi que o esfriou. É importante ter paciência nesta investigação, porque as coisas não são necessariamente óbvias. Encontrar as causas do esfriamento do amor é como montar um quebra-cabeça.

Os cônjuges devem analisar o casamento e tentar descobrir o que mudou no comportamento do casal. Para esta avaliação, é preciso maturidade, pois é normal que o relacionamento sofra mudanças com o tempo. As pessoas mudam, então, não se deve ter a expectativa de que tudo continuará como nos tempos de solteiro. Pessoas se frustram com o casamento porque não amadureceram, querem perpetuar as características dos tempos de solteiro e de namoro e deixam de avançar para fases mais sólidas na relação, perdendo com isso a oportunidade de se beneficiarem com as experiências de casados.

O motivo reclamado como um erro no relacionamento pode ser uma mudança natural do mesmo. As relações são dinâmicas, e as pessoas não devem desejar que suas expectativas sejam sempre atendidas, pois isto não é amor, é egoísmo. Deve-se ter atenção para não reclamar de coisas das quais não se deve, como, por exemplo: uma mulher dispõe de mais tempo para o marido antes de tornar-se mãe, porém, se ao se tornar mãe o marido não tiver esta compreensão, ele poderá desenvolver a ideia de que sua mulher não se interessa mais por ele. Esta seria uma reclamação errada. Da mesma maneira, um homem pode passar por situações estressantes na profissão, na administração financeira, na perda de algum parente querido, na troca de emprego, etc, isto o tornará em algum momento uma pessoa mais carente e menos disponível; sua mulher precisa entender este momento, apoiá-lo e não ficar reclamando a sua falta de atenção.

O que justifica ser reclamado no casamento é a falta de respeito, a falta de carinho, a indiferença, o desprezo pelo cônjuge, a percepção de que o outro deixou de dar a atenção devida ao casamento, os insultos, as agressões, as críticas ao cônjuge ou aos seus parentes, o desabafo em que o cônjuge é apontado como a causa do sofrimento, a falta de cuidado, a falta de apoio, a falta de ajuda diante de tarefas difíceis, etc.

Os motivos que causam frieza no amor muitas vezes são sutis, e é preciso atentar para elas, caso contrário, elas passam despercebidas. Importante lembrar que uma situação que atinja negativamente um dos cônjuges pode não atingir o outro da mesma maneira, e assim, torna-se muito comum uma das partes não ter a sensibilidade que algo magoou o outro.

Comece a desfazer o mal que foi feito

De nada adianta investigar as causas da frieza no amor se não houver interesse em corrigi-las. Saber qual é o problema é muito importante, mas não é suficiente. É fundamental que haja um esforço para reparar o que estiver errado.

O cônjuge que cometeu um erro deve ser humilde para reconhecer perante o outro o seu erro. Caso o ocorrido envolva os filhos, deve-se então fazer este reconhecimento na presença dos mesmos. Há pessoas que envergonham os companheiros na presença dos filhos e depois não corrigem isto, ou querem corrigir apenas diante do cônjuge ofendido. O mal precisa ser desfeito pelo mesmo caminho por onde foi feito, porém, no sentido oposto. Se os filhos estavam presentes no momento da ofensa, o reparo da mesma deve ocorrer também na presença deles.

Quem errou deve reconhecer seu erro e iniciar o conserto do mesmo. Não deve ficar esperando pelo cônjuge, ou ficar justificando o erro, colocando uma parcela de culpa no outro, ainda que ele a tenha. Transferir a responsabilidade só faz aumentar a crise conjugal, quem errou deve corrigir o que fez. Se o outro também tem culpa, deixe que ele reconheça isto, e se não o fizer, não fique reclamando, cada um precisa fazer a sua parte sem se importar com a parte do outro. Pois é a manifestação de atos de amor que irá promover outros reconhecimentos de erros e corrigi-los também.

São estas ações espontâneas que têm o poder de limpar os entulhos para que o amor possa brotar novamente.

Vigie para não repetir os erros já corrigidos

Relacionamento exige atenção e foco. Quanto mais próximo e mais intenso o relacionamento, maiores são as chances de conflitos e de mágoas. Nem sempre estamos em um bom dia, muitas vezes nosso humor está alterado por conta de confusões emocionais. Nos chateamos, ficamos estressados, mal-humorados, sensíveis demais, grossos demais etc. Se não tomarmos cuidado, a pessoa mais próxima de nós no dia a dia, que é o cônjuge, termina por se tornar alvo de todas as investidas hostis que nossas emoções fizerem.

Muitas vezes o cônjuge representa fisicamente os inimigos emocionais, e assim recebem toda a emotiva descarga negativa contra si. Isto pode até ser tolerado algumas vezes, mas não muitas. Sendo assim, é importante ficar alerta para não fazer o outro sofrer, e às vezes, até por erros cometidos outras vezes, justamente a pessoa que se casou com a expectativa de ser bem-tratada e amada.

Erros repetidos, além de machucarem mais profundamente, dificultam nova correção pela perda da credibilidade. Algumas pessoas não atentam e repetem os mesmos erros que outrora foram a causa do esfriamento do amor em seus casamentos.

Quem já cometeu determinadas faltas, sofreu as consequências e também fez o cônjuge sofrer, deve ainda ficar bem atento para não repeti-las. É uma questão de vigilância constante. É muito lamentável quando uma pessoa faz a declaração de que seu relacionamento não tem mais jeito por conta da repetição de erros do cônjuge.

Corrigir os próprios erros é uma tarefa difícil, porém, libertadora. Assim, ao corrigir determinados erros, a pessoa tem que colocar o novo tempo, de erros zerados em alta, deve zelar por esta nova condição com toda a atenção possível para não correr o risco de novo aprisionamento em sofrimento.

Adquira hábitos de generosidade e carinho

"Somos o que fazemos repetidamente. Por isto o mérito não está na ação e sim no hábito"
Aristóteles

Uma pessoa deve se esforçar, não para realizar esporadicamente atos de carinho e de generosidade, mas para tornar-se alguém com esta característica. Ao buscar a condição de adquirir bons hábitos, a pessoa eleva o nível de sua existência. Quem assim procede dificilmente corre riscos no casamento, desde que o principal alvo de sua generosidade e de seu carinho seja o cônjuge. Há muita gente que reclama que o companheiro é carinhoso e atencioso com todos, menos com ela. Há uma história em que um homem que morreu, e durante o velório na igreja, a viúva estava sentada no último banco com o filho pequeno, e ao ouvir tantos elogios sobre a maneira generosa e carinhosa como o falecido se comportava, pediu ao filho que fosse até o caixão para se certificar de que o morto que estava lá era de fato o pai.

Há pessoas que praticam atos de carinho e de generosidade com o amado de vez em quando, enquanto que outras têm a generosidade e carinho como estilo de vida. Uma pessoa assim faz bem à união, à família e à si mesma. Um casamento onde os cônjuges se tratam bem é forte e prazeroso, e todos podem se transformar em pessoas melhores, basta querer e se esforçar.

A generosidade e o carinho no casamento não devem aparecer como destaque na relação, mas como forma de relacionamento. Devem estar presentes em cada ato desde o mais simples, como pedir "por favor", "me desculpe" e "muito obrigado", até o abrir a porta do carro para a esposa entrar e arrumar a roupa no corpo do marido antes de ele sair de casa. Abraços, beijos, carinhos e sorrisos são ingredientes indispensáveis em um casamento que pretende ser agradável e duradouro.

Sepulte o passado

Outra dica importante é não valorizar pensamentos negativos quanto a relação, e nem alimentar lembranças dolorosas, pois tais ações só enfraquecerão o amor novamente.

Deve-se eliminar a "gaveta" que contém as mágoas do passado. Certamente que não é possível esquecer os sofrimentos passados, mas é possível não valorizá-los. Pessoas que ficam sempre se lembrando das dores do passado, sentem-nas novamente. Há muita gente doente porque não se livra dos ressentimentos, existem até aquelas pessoas que as guardam para usar como "trunfo" em uma discussão com o cônjuge.

É impossível crescer, se libertar e ser feliz olhando para trás. Quem fica relembrando o passado não muda de vida. Em relação as ofensas feitas no passado, as pessoas devem pedir e aceitar o perdão, e no caso das ofensas recebidas, perdoar e esquecer. Esquecer não no sentido de não ter mais aquela lembrança, mas no sentido de não guardar a mágoa e nem revisitar o episódio.

Lembro da poesia do meu amigo e irmão Mario Sergio:

> Recomeçar é preciso, buscar o amor primeiro, fazer novo o corpo inteiro, ter novos ideais. Apagar todo o passado, esquecer os tais problemas, que amargaram a convivência com amigos tão leais.

Todos os dias, Deus apaga as nossas transgressões por amor, e Ele se mantém sempre acessível. O mínimo que devemos fazer é ter o mesmo gesto com o nosso cônjuge.

Finalmente

A melhor dica é acreditar na força adormecida do amor e trabalhar para despertá-la. Começar a pensar na felicidade da pessoa amada, procurar praticar pequenos gestos para agradá-la, elogiar, fazer carinho, lembrar os bons momentos vividos juntos, ser gentil com o outro, etc. Estes são gestos que "irrigarão" o solo ressecado onde o amor enfraqueceu e adormeceu, despertando-o do sono e trazendo-o para a vida a dois novamente.

Também não se deve criar expectativas exageradas quanto à "velocidade" em que o amor se reaquecerá, pois elas geram ansiedades, aumentam o sofrimento e atrapalham as ações amorosas. É melhor deixar o tempo cuidar naturalmente do reaquecimento do amor. Cada um faz a sua parte. O cônjuge pratica atos de amor e o tempo se encarregará do resto.

Finalmente, não tenha pressa, pois o caminho da cura verdadeira é lento. Quem quer resolver estas questões de forma rápida, não deve contentar-se com uma simples "maquiagem", pois isto não suportará novos desafios, e então, a recaída virá e causará uma decepção tamanha que tornará praticamente impossível voltar a acreditar em uma reconquista. Calma, persistência e fé são ingredientes indispensáveis para o reaquecimento do amor.

O amor, pela importância que tem na vida de um casal, deve ser protegido e alimentado por todos. Enquanto existir amor, haverá possibilidades infinitas de realizações, quando, porém, o amor se esfria, nada poderá sobreviver. Vale sempre a lembrança de que o amor não acaba, o que acaba é a vontade de praticá-lo, e se não há vontade, nada acontece e o amor perde a força.

Isso significa dizer que, seja qual for o estado em que os cônjuges se encontrarem, há a possibilidade do renascimento do amor, basta ter vontade para isso e se esforçar nesta direção. O amor atende com prazer ao convite para que se apresente, mas exige que a vontade se declare primeiro.

É importante reforçar o entendimento de que a paixão não exige vontade: ela é invasora. Também não resiste ao tempo, pois é efêmera. Confundir paixão com amor é um erro que leva as pessoas a desacreditarem na força do amor, pois a paixão vem sempre muito forte, mas não suporta ao tempo; é passageira, e quando se vai, não deixa qualquer pista de que esteve por ali. O amor, por sua vez, nem sempre chega forte, mas ao se instalar, permanece para sempre. O amor é a garantia de que um homem e uma mulher podem decidir passar o resto de suas vidas juntos, pois ele sempre os renovará e sempre será alcançado, aquecido e despertado pela vontade de amar.

O amor torna a vida bela e dinâmica, ele dá motivos para se viver feliz. Ele é o fiel guardião da união, pois mesmo quando esta der sinais de fraqueza, o amor entra em ação e promove a renovação dos ânimos e da força permitindo a continuidade da caminhada a dois.

Porém, quando maltratado e ignorado, o amor esfria, e o amor frio não age, dando a impressão de que já não existe mais e, consequentemente, provoca a desistência da relação. Por isso, frieza no amor é um sinal de perigo no casamento.

O amor é como um belo jardim sobre o qual caíram muitos entulhos, ele já não é mais belo e o aroma das flores já não é mais percebido, mas, tão logo alguém retire os entulhos de cima e cuide com carinho dele, suas flores ressurgirão novamente e exalarão aromas de gratidão.

Se na sua relação conjugal o amor parece não mais existir, não se engane, pois, se ele existiu um dia, ele continua aí. Contudo, é possível que precise que você remova os "entulhos" de cima dele.

DESINTERESSE SEXUAL

Muitas pessoas consideram erradamente o sexo como um rápido momento de prazer.

O relacionamento sexual vai muito além de proporcionar prazer na hora do ato. É uma atividade que faz parte da natureza humana, do dia a dia do casal, do funcionamento do corpo, do mecanismo relacionado ao prazer, das atividades divertidas e relaxantes, e é o meio pelo qual a espécie se reproduz. Além disso, está diretamente ligado à saúde física e emocional e ao fortalecimento da cumplicidade do casal.

Percebemos então a grande importância da prática do sexo na vida conjugal. Acontece, porém, que muitos casais passam por problemas sérios nesta área que é vital para a segurança do casamento. Um dos sintomas mais comuns de que algo não vai bem no casamento é o desinteresse sexual.

Este não é só a falta da libido (desejo), mas sim, a falta de disposição (vontade) para praticá-lo. Alguém pode ter o desejo, mas não a disposição necessária para a prática do ato.

É normal que um casal tenha desejo em praticar sexo e o faça, porém, quando este não acontece, ou acontece com pouquíssima frequência, ou ainda de forma desanimada, sem entusiasmo e empenho, é sinal de desinteresse sexual. Alguns fazem sexo para manter um compromisso com o cônjuge, ou por compaixão dele, ou mesmo para proteger o casamento de um possível adultério. Estas não são razões saudáveis para se ter um relacionamento sexual, pois este deve ser antes de qualquer coisa um momento de prazer e diversão para ambos.

Este talvez seja o mais danoso dentre todos os sinais de perigo no casamento, pois a falta de vida sexual ativa denuncia que falta harmonia conjugal, a qual é o equilíbrio das áreas que envolvem o casamento, produzindo uma sensação de adequação, e a satisfação de ambos os cônjuges. O desinteresse sexual pode ainda provocar comportamentos prejudiciais em outras áreas na vida do casal, bem como criar um ambiente hostil no lar. Sendo assim, é de suma importância aprender a identificar e a eliminar este sinal.

Há três etapas que podem acontecer quando este sinal está presente no casamento

Carência física e emocional

Quando a vida sexual de uma pessoa casada não está ativa, ela naturalmente vai sentir esta carência. A carência física é uma reclamação do corpo que funcionou sexualmente por um período e passou a não contar mais com esta atividade. Junto à carência física vem a emocional. O sexo é a afirmação de que o cônjuge está adequado ao outro e ao casamento, e isto preserva sua autoestima e lhe dá confiança. A falta do relacionamento sexual inverte tais sentimentos, pois a autoestima fica baixa e a autoconfiança pode ser extinta.

Atração por outra pessoa
Se há uma carência a ser atendida, alguém pode aparecer para atendê-la. Quando uma pessoa se encontra carente física e principalmente emocionalmente, ela fica muito vulnerável a se sentir atraída por outra pessoa. Se a pessoa tem uma estrutura emocional mais forte e se lhe resta alguma esperança, ela pode escapar de tal sedução, embora o faça sofrendo. Caso contrário, isto é, se a pessoa tiver uma estrutura emocional deficitária e não acreditar em uma melhora da situação, poderá entrar na terceira etapa.

Adultério
Ocorre quando uma pessoa casada relaciona-se sexualmente com outra que não é o seu cônjuge. Quando acontece esse tipo de relacionamento, o casamento é ferido de forma muito profunda e dolorosa, a recuperação do mesmo neste estágio é muito mais difícil, pois a desconfiança, a mágoa, o sentimento de culpa e outros sentimentos amargos e destrutivos se instalam no parceiro traído, além da vergonha e da dor da infidelidade. Vem o sentimento de que tudo está perdido e de que não tem mais jeito. O adultério golpeia violentamente a pessoa traída no mais profundo do seu ser. É terrível.

É possível consertar um casamento após um ato extraconjugal, mas é mais difícil. Conheço vários relacionamentos que se reergueram após terem sido atingidos pelo adultério, contudo, eles carregarão as dolorosas lembranças. Por isso, é muito importante que os cônjuges deem atenção a este sinal enquanto podem corrigi-lo de forma menos traumática.

O desinteresse sexual carece de avaliação, pois é algo muito relativo. Varia de acordo com a idade, com o estado de saúde geral (física e emocional), com a situação financeira, com as diversas preocupações que envolvem o casal na família, etc. Antes de diagnosticar um desinteresse sexual, é preciso levar em conta as circunstâncias acima mencionadas. Ou seja, o desinteresse sexual que sinaliza perigo no casamento é aquele que se apresenta sem nenhuma causa aparente, sendo simplesmente um desinteresse. Se a causa é identificada, o tratamento é facilitado e os riscos que colocavam o casamento em perigo diminuem; porém, quando a causa não é clara, o tratamento pode caminhar na direção errada, culminando no fim do casamento.

Homem e mulher são seres sexuais criados com a necessidade de se relacionarem sexualmente.

O preconceito, os tabus preservados por muitas famílias, a proibição de se falar sobre o assunto, a falta de orientação dos pais aos filhos e o silêncio da religião tiraram a naturalidade do sexo, tornando-o algo menos importante na vida das pessoas. Na maioria dos casamentos, principalmente as mulheres, dá-se menos importância ao sexo do que deveriam.

A atração, a excitação e o ato sexual estão presentes no cotidiano dos homens e das mulheres em idade sexual ativa. O casamento é o meio de satisfazer estes impulsos naturais de forma segura nos três aspectos que o envolvem: **físico**, relacionado a saúde e ao aperfeiçoamento da prática; **emocional**, relacionado ao amor, ao afeto e à segurança; **espiritual**, relacionado à harmonia com o Criador.

É possível que homens e mulheres tenham prazer sexual em relacionamentos fora do casamento. Porém, a satisfação plena, sem culpa e duradoura e que envolve os três aspectos inerentes ao ser humano só é possível dentro da segurança e da liberdade que envolvem o casamento. Ou seja, é no relacionamento a dois que as exigências sexuais inerentes ao ser humano, masculino e feminino, encontram condições favoráveis de serem atendidas em sua plenitude.

Quando um marido nega atividade sexual satisfatória à sua mulher, está lhe tirando o direito à saciedade de uma necessidade e lhe privando do prazer que o Criador lhe concedeu. A mesma coisa se aplica à mulher. É sábio o cônjuge que desenvolve a habilidade em satisfazer o outro sexualmente. Isto dá alegria, prazer e segurança ao casamento.

O sexo é a ação mais íntima em um relacionamento. É quando, literalmente, os dois se tornam uma só carne. Muito além da ação reprodutiva, o sexo foi criado para o prazer do homem e da mulher, ele faz parte da lista de necessidades fisiológicas do ser humano.

A relação é um dos momentos em que o amor entre marido e mulher se traduz na linguagem do prazer mútuo. Possuir o corpo da pessoa amada sem reservas, recebendo dela uma entrega de si mesma para o prazer, é algo que revela na criação do sexo um ato poético de Deus.

O sexo é despertado no homem e na mulher de várias e de diferentes maneiras. Somos dotados de sensores por meio dos quais nos sentimos atraídos e estimulados para a prática sexual, porém, tal ato deve se desenvolver entre pessoas casadas, ou seja, entre pessoas que se escolheram não para um ato sexual apenas, mas para compartilhar algo mais profundo e mais abrangente: a construção de uma história, onde o sexo é uma parte e não o todo — a consequência, e não a causa. Caso contrário, o sexo será reduzido a apenas um mecanismo de satisfação física, de fuga ou de autoafirmação, tornando-o uma prática insignificante se comparado ao seu maior benefício em um contexto de cumplicidade conjugal.

O ato físico é apenas uma das partes da relação sexual, acreditar que ele é o todo em uma relação é o que tem trazido tantos desgostos e decepções a muitos maridos e esposas.

A satisfação sexual plena depende de vários fatores que envolvem os parceiros, os quais se apresentam em três áreas distintas, porém interligadas, nas quais nossas vidas se apóiam e acontecem: área física, esta com todas as implicações que envolvem seu funcionamento; área emocional, na qual uma complexa rede de informações incidem diretamente no ato sexual, com maior efeito no lado feminino; e, finalmente, a área espiritual que, apesar de não contar com a crença de muitos, tem uma importância fundamental para o pleno prazer da vida sexual, pois se a vida é dom de Deus, a maneira como ela acontece também interessa a Ele. O fato de uma pessoa não acreditar na interferência de Deus na vida sexual dos casais, ou no fato de alguém não acreditar em Deus como criador do homem, não vai mudar em absolutamente nada a realidade de que este alguém, mesmo não acreditando, foi criado por Deus e que sua vida sexual não lhe trará o prazer pleno (o que vai muito além do orgasmo) enquanto não estiver harmonizada com o plano do Criador.

Existem bons livros que tratam a questão da sexualidade, e é interessante que os casais leiam, já que eu gostaria apenas de esclarecer um pouco o tema, trazendo algumas informações básicas sobre o assunto.

Vejamos os comportamentos dos homens e das mulheres nos três aspectos que envolvem a sexualidade: **físico, emocional e espiritual**. Lembrando que nossa proposta não é o aprofundamento no assunto, mas sim uma análise básica destes aspectos.

Funcionamento físico no homem

Em síntese, o homem estará pronto para ter relações sexuais quando tiver uma ereção e, para isso, seu sistema cardiovascular deverá estar funcionando razoavelmente bem ao ponto de permitir a irrigação do pênis por uma quantidade de sangue suficiente para deixá-lo ereto, e assim, pronto para a penetração. Para que isso aconteça, é preciso que algumas coisas básicas no organismo estejam funcionando bem, como, por exemplo: a correta dilatação dos vasos do tecido cavernoso do pênis para o recebimento do sangue, um razoável equilíbrio na pressão arterial, o colesterol e a glicose dentro dos níveis desejados, uma reserva de energia acumulada no organismo, etc. Caso estes aspectos físicos não estejam com o mínimo de funcionamento exigido, pode dificultar a irrigação peniana e por consequência, comprometer o endurecimento do órgão. Existem casos em que o uso de determinados medicamentos para a saúde tem como efeito colateral a liberação temporária da enzima PDE5, que é responsável pela inibição da irrigação do pênis, causando provisória impotência.

Alguns medicamentos como o Viagra têm por finalidade bloquear os efeitos desta enzima, facilitando assim a irrigação e a ereção, pois este medicamento funciona como um vasodilatador.

Quando um homem é estimulado sexualmente, as artérias do pênis se dilatam, aumentando a irrigação do sangue e, na medida em que essa irrigação se expande, as veias se contraem e impedem que o sangue retorne ao restante do sistema circulatório. Como entra mais sangue do que sai, o pênis aumenta de tamanho e fica endurecido.

Com o pênis ereto, o homem agora vai precisar de energia para o ato físico, pois para o ato sexual não basta a ereção, é preciso o mínimo de energia para que aconteça a relação, pois a prática sexual é um exercício físico. Para isto é importante um acompanhamento geral do seu estado de saúde, inclusive com um bom complemento vitamínico e alimentação adequada.

Então, homens, duas coisas devem merecer atenção especial no aspecto físico para um bom desempenho sexual: uma boa irrigação peniana e o cuidado com a saúde para se ter a energia necessária a ser empregada no ato sexual.

Funcionamento físico na mulher

O funcionamento físico da mulher para o ato sexual é diferente, contudo, não é difícil de entender.

Em resumo, a mulher estará pronta para o ato sexual quando sua região pélvica estiver suficientemente irrigada, o que poderá ser comprovado pela mudança no aspecto da vagina. Ela se dilata um pouco, ficando com a aparência de que está inchada e lubrificada, isto é, molhada. Isto acontece porque o útero se dilata, provocando a dilatação da vagina, o que a prepara para receber o pênis.

Existem também fatores externos que podem afetar a lubrificação, como, por exemplo, se a mulher está tomando algum medicamento que iniba a irrigação da vagina, se sofre alguma doença crônica...

alguns contraceptivos têm como efeito colateral um ressecamento não só na pele, cabelos e unhas, como também dificulta a produção desse natural líquido lubrificante vaginal. Dependendo também da idade da mulher, quanto mais "maduras", menos lubrificam, também por questões hormonais.

Doenças crônicas como Artrite Reumatóide (que não é só uma doença de "velhos" como se pensa) também afeta o ressecamento da pele, olhos, e dificuldade de lubrificação da vagina; desordens da Tireóide também podem afetar.

É importante ressaltar que a penetração vaginal só deve ocorrer quando esta estiver devidamente lubrificada. Caso contrário, o ato será doloroso e traumático para a mulher, inclusive, criando nela o medo para a próxima relação. É importante que ambos, homem e mulher, tenham paciência para aguardar a devida lubrificação vaginal antes da penetração sob o risco de comprometer o prazer daquele momento.

Existem lubrificantes vaginais em forma de gel que foram desenvolvidos para a utilização por mulheres que apresentam dificuldades de lubrificação natural.

A exemplo do homem, na mulher o fluxo sangüíneo também deverá estar funcionando bem.

Além deste preparo que se desencadeia no corpo, a mulher precisará estar com energia suficiente para gastar no ato sexual, que é um ato de exercício físico. Boa alimentação e complementos vitamínicos são importantes.

Existem mulheres que não apresentam interesse sexual. Tal comportamento é chamado de frigidez, a qual caracteriza-se pela falta de desejo ou de qualquer resposta sexual. Essa terminologia tem sido empregada para definir mulheres que não demonstram nenhum interesse em sexo ou que ficam completamente "geladas" ao toque erótico.

As causas da frigidez são muitas e bastante variadas. No aspecto físico, ela está ligada a fatores orgânicos. Os principais deles são:

- Doenças que acometem diretamente os genitais, como uma infecção (vulvovaginite), ou indiretamente, como o hiperprolactinoma, responsável pelo aumento do hormônio prolactina que inibe completamente a motivação sexual;
- Transtornos psiquiátricos crônicos que geram uma diminuição ou até a ausência de desejo sexual, como a depressão;
- Uso de algumas medicações como anti-hipertensivos ou antidepressivos que têm como efeito colateral a diminuição da libido.

Assim como no caso do homem, a mulher precisa zelar pela sua saúde geral a fim de ter boa resposta sexual.

Funcionamento emocional no homem

Uma relação sexual satisfatória é aquela cujos parceiros não são apenas pele e músculos, mas também onde há o envolvimento emocional. Assim, estar com a saúde emocional equilibrada é tão importante quanto a saúde física para o ato sexual.

Muito embora na hora do sexo o homem seja mais razão do que emoção, ele também é influenciado pelos estados emocionais em que se encontra. Qualquer situação de stress pode afetar diretamente o desempenho sexual do homem. Se a mulher demonstra o quanto o deseja para aquele momento, isto o colocará em uma situação emocional bastante favorável. Outro fator importante é a segurança: noventa por cento dos casos de impotência sexual masculina estão ligados à questões emocionais, e apenas dez por cento à questões físicas. Desse modo, é preciso que a mulher deixe o homem bem a vontade e seguro de si, sem lhe fazer cobranças no aspecto de sua performance sexual e muito menos qualquer tipo de comparação. Além disso, havendo alguma falha do homem na hora do sexo, a maneira como a mulher vai entendê-lo e apoiá-lo determinará sua recuperação naquele aspecto e a consequente melhora no seu desempenho.

Um homem que se sente seguro com sua mulher para o ato sexual terá um melhor desempenho na prática.

Dívidas, desemprego, traumas em experiências sexuais no passado, capacidade questionada de liderar a família, tensões no trabalho, entre outros, são fatores que podem influenciar diretamente o desempenho sexual do homem.

Outra questão importante é o tipo de informação que o homem tem sobre o assunto.

A quantidade de material pornográfico oferecido facilmente nos dias atuais tende a desenvolver um entendimento errado sobre o tema, pois tais materiais são extremamente fantasiosos e, entre o real e o imaginoso, existem diferenças gigantescas. Então, o homem que não tem boas informações sobre sexo corre o risco de tentar alcançar na prática o que aprendeu por meios não seguros, gerando frustração, pois o idealizado nem sempre pode se tornar realidade.

Funcionamento emocional na mulher

No lado feminino, quando o assunto é sexo, a exigência emocional é maior. Por questões culturais e/

ou da própria criação, além da formação psicológica da mulher que é diferente da do homem — não mais forte nem mais fraca, apenas diferente — e a co-dependência entre homem e mulher, nivela-os neste aspecto.

Enquanto o homem **pensa** em sexo, a mulher **sente** o sexo. O homem usa a razão, o pensamento, enquanto a mulher usa a emoção, o sentimento.

O período de despertamento para o ato sexual na mulher é diferente no homem, assim como a reação aos estímulos também é. Há um total envolvimento dos sentimentos da mulher no período da reação aos estímulos.

Se um homem tem uma briga com sua mulher em uma manhã e vai trabalhar aborrecido, o simples fato de ele pensar no sexo, isso vai estimulá-lo à prática, e ele não terá dificuldades de, ao chegar a casa, esquecer, ainda que somente durante o ato, do quanto está magoado e entregar-se ao prazer sexual. A mulher é diferente; se ela teve uma briga com seu marido em uma manhã, ela só vai conseguir "sentir" o sexo na medida em que a mágoa for superada. Então, seu marido chegará pensando em sexo, estimulado para praticá-lo e encontrará sua mulher querendo primeiro resolver o problema da briga que tiveram. Caso não se sinta amada e bem tratada, a mulher terá dificuldades para uma entrega ao ato sexual. Muitas mulheres sofrem neste aspecto e "servem" aos seus maridos durante o ato sexual para não contrariá-los ainda mais, ou então, por medo de que o marido procure a satisfação sexual fora do casamento. Há maridos que manipulam suas mulheres com a ameaça de procurar satisfação sexual em outras, e, chantageadas, elas se entregam a uma relação dolorosa — não física, mas emocional. Ambos saem perdendo, pois a beleza e o prazer do sexo não se apresentam em situações como esta. A relação sexual plenamente satisfatória exige os caprichos da sedução, do carinho e da cumplicidade, principalmente na mulher.

A maneira de o homem tratar a mulher em uma manhã vai determinar o quanto ela estará preparada para o sexo à noite.

A frigidez, que é a falta de resposta aos estímulos sexuais na mulher, está ligada também a fatores emocionais, seguem alguns deles:

- Uso de algumas medicações como anti-hipertensivos ou antidepressivos que têm como efeito colateral a diminuição de libido;
- Situações traumáticas ao longo da vida, como abuso sexual, estupro ou violência sexual;
- Repressões sexuais antigas, culpas e ansiedades vinculadas à não permissão ao sexo;
- Conflitos conjugais importantes, com cobranças acompanhadas de agressões, falta de respeito;
- Relacionamento infantilizado entre cônjuges, em que os parceiros estão representando muito mais os papéis de pais um do outro, do que de parceiros sexuais;
- Falta de comunicação e de intimidade do casal;
- Falta de atração e de afeição pelo parceiro escolhido como companheiro.

Funcionamento espiritual no homem e na mulher

No tocante a fé, tanto no homem como na mulher, o efeito é o mesmo. Há apenas duas religiões que disputam a mente e o coração do homem: o criacionismo e o evolucionismo. Tudo o mais é consequência do entendimento que o homem tem destas duas.

Os que são adeptos do evolucionismo não consultam seus corações no que diz respeito a aprovação ou reprovação de Deus. Para estes, a sexualidade também funciona de forma evolutiva, ao acaso, bem mais próximo do comportamento dos animais.

Os que acreditam na criação convivem com o sentimento de que terão de dar conta de tudo o que fazem a Deus. Mesmo os que não confessam uma religião, convivem com o pensamento, ainda que inconsciente, de que há um Ser Superior que aprova ou desaprova sua conduta. E isso tem uma influência direta na vida sexual.

Quanto mais forte o sentimento da existência e da presença de Deus, mais interferência sofrerá a conduta sexual no aspecto de certo ou de errado. Logicamente que considerando Deus em sua vida, deixa-se de viver de forma inconsequente no aspecto sexual e passa-se a viver de maneira a que nosso comportamento na área do sexo receba a aprovação do Criador.

Acontece que muitas pessoas tiveram informações erradas quanto ao posicionamento do Criador nas questões sexuais, por exemplo: em tempos passados, e ainda hoje, em determinadas culturas religiosas, dizia-se que a mulher era fria por natureza, que sua sexualidade estava voltada única e exclusivamente para a maternidade. Nesse contexto, usava-se a sexualidade feminina para servir a masculina. Como consequência, a mulher era pouco ou nada estimulada. Essa situação ocorreu de forma persistente, com sentimentos de obrigação, o que acabou por inibir qualquer resposta erótica, assim, tornou-

-se mais uma das tantas obrigações que deveriam ser desempenhadas pela mulher. Desligada de estímulos sexuais e até mesmo "punida ou reprimida por Deus" ao demonstrarem prazer, a mulher assumiu a maternidade e o cuidado familiar, abdicando de uma plena realização sexual.

Estes ensinamentos foram passados de geração a geração, e as mulheres desenvolveram uma falsa culpa perante a religião quanto o assunto prazer sexual.

Por sua vez, o homem também aprendeu que o papel da mulher seria este, e isso tem causado conflito nas relações sexuais de muitos casais religiosos.

Outra questão importante também é quanto a motivação para o sexo. Criar ambientes e climas propícios ao despertamento do desejo sexual é visto por muitos casais como uma banalização do sexo ou imitação dos que não têm pudor e que o tratam de forma vulgar, apenas como luxúria e sem amor. Acontece que Deus criou o sexo e o fez para que fosse bom. Sexo não é apenas uma maneira para as pessoas engravidarem, mas também uma intensa, prazerosa e apaixonada manifestação de amor. Deus também designou um contexto para o sexo: o casamento entre um homem e uma mulher.

Sendo assim, no aspecto espiritual, há dois erros que são cometidos e que têm impedido que alguns homens e algumas mulheres experimentem um bom relacionamento sexual: o primeiro diz respeito aos que ignoram a participação de Deus na vida do homem, como os ateus. O segundo são aqueles que consideram Deus, mas o fazem de forma errada, ignorando o mecanismo sexual do homem e da mulher para proporcionar prazer a ambos e tratando o sexo como algo abominável a Deus, embora criado por Ele.

Ninguém casa sabendo tudo. Sexo é aprendizado constante

É importante ressaltar que ninguém casa sabendo relacionar-se sexualmente de forma satisfatória com o cônjuge. O ato sexual é um aprendizado a dois, mas é diferente a maneira como homem e mulher chegam ao casamento em relação ao conhecimento da prática sexual. O homem, dado a maior liberdade em buscar informações a este respeito quando solteiro, não necessariamente relacionando-se sexualmente antes do casamento, mas pelo tipo de vida social, nas conversas com amigos, em leituras (nem sempre confiáveis), tendem a dominar e a conduzir a mulher pelos caminhos do relacionamento sexual, o que nem sempre é feito de maneira correta, pois vai depender muito das informações que o mesmo obteve antes de casar. Nem toda fonte de informação nesta área é confiável, pois há muita fantasia, e um dos maiores problemas enfrentados pelos cônjuges nesta área é exatamente a maneira fantasiosa como os homens tratam a questão do sexo. Muitas mulheres, em contrapartida, trazem algum tipo de insegurança relacionada ao assunto, talvez porque o sexo foi tratado com tabu em casa, ou porque ouviu reclamações da mãe em algum momento, ou porque foi obrigada a reprimir seus impulsos e curiosidades a respeito da relação física, sob a pena de ser tachada de vulgar, etc.

Por estes e tantos outros motivos, a relação sexual do casal pode enfrentar as mais variadas dificuldades, isso é até comum. O que não deve acontecer é o acomodar-se a um relacionamento sofrível.

Vivemos dias em que o apelo sexual é intenso. Homens e mulheres de todas as idades estão expostos aos mais fortes influências sexuais possíveis. Sendo o sexo uma necessidade básica do ser humano, prazeroso e forte ao ponto de provocar reações até irracionais, tais apelos aumentam a busca pelo prazer sexual que, se não for satisfatório no casamento, pode provocar atritos na vida conjugal, culminando, em alguns casos, em separação. É importante o casal está sempre preocupado em tratar a questão da sexualidade no relacionamento conjugal.

Além da boa literatura a respeito, existem palestras, seminários e profissionais especializados no assunto que podem e devem ser consultados como investimento na vida sexual do casal.

É preciso fazer uma avaliação honesta da relação do casal e, buscar a ajuda necessária para a correção do que não estiver bom. Lembre-se: sexo é dádiva de Deus para o casal, é bênção, não é só para a procriação, mas também para o prazer dos cônjuges. Por isso, merece toda a atenção e o investimento necessários para que aconteça de forma satisfatória para ambos.

Partindo do princípio de que o casal eliminou todas as interferências negativas ao bom desempenho sexual, e mesmo assim persiste o desinteresse sexual no casamento, é preciso então ir mais fundo na investigação, descobrir a sua causa e tratá-la rapidamente, porque este é um sinal de perigo no casamento.

As pessoas são diferentes no tocante à visão da sexualidade e também no gosto pelo sexo. Significa que as reações à falta de uma vida sexual ativa e satisfatória são diferentes, alguns valorizam mais, e outros menos, mas de qualquer maneira, a necessidade do relacionamento físico entre marido e mulher é igual para todos.

O desinteresse sexual não é uma causa, e sim um efeito. Não se deve tratá-lo como forçado, nem com críticas ao outro, pois quando um cônjuge não está interessado em relacionar-se fisicamente, na verdade, ele está denunciando com este comportamento que há um problema causador deste desinteresse que precisa ser resolvido.

Muitos casamentos acabam porque a vida sexual chegou a um ponto insuportável. Porém, acontece que isso não surgiu de repente, os sinais começaram bem antes e nada foi feito a respeito. Para que um casal não figure na lista dos divorciados por causa da "incompatibilidade sexual", é importante observar os sinais nesta área do casamento.

O desinteresse sexual é um dos sintomas mais fortes de que o relacionamento conjugal não está bem. Ele não é demonstrado somente pela ausência do ato ou pela pouca frequência com que o casal se relaciona. A falta de interesse em proporcionar prazer ao outro, a prática egoísta que só pensa no próprio prazer e desprezo à satisfação do outro, é também um grave sinal de que há perigo na área sexual do casal.

Algumas dicas que podem ajudar a mudar este sinal

Antes de qualquer coisa, é preciso saber se de fato se quer investir nesta área da vida. Porque, se não houver o verdadeiro interesse em cuidar da área sexual, não haverá o zelo necessário que tal tratamento exige. Somente com a motivação certa a pessoa será capaz de fazer uma análise cuidadosa e buscar uma conversa franca sobre o assunto.

Converse com seu cônjuge sobre a vida sexual de vocês

Normalmente em um casamento, se trata sobre muitos assuntos, menos sobre o relacionamento sexual do casal. Esta é a área mais prejudicada e mais negligenciada nos diálogos entre cônjuges e, por consequência, uma das maiores responsáveis pelos atritos no casamento e até pelas separações. Caso não haja o hábito desta conversa franca sobre a vida sexual no casamento, então, torna-se necessário, buscar o desenvolvimento do mesmo. Se o casal, ou um dos cônjuges for tímido ao ponto de não conseguir tratar o assunto à vontade, deve-se então usar a criatividade. Uma boa dica seria adquirir uma boa literatura sobre o assunto. Não é preciso fazer isso juntos, mas, pelo menos no mesmo período, a fim de que possam avaliar o relacionamento do casal. Caso persista a falta de coragem para tratar do assunto por meio do diálogo, o casal pode escrever bilhetes, os quais podem conter perguntas, sugestões, observações, citações do texto lido em comparação ao que o casal pratica e o que gostaria de experimentar.

É importante, porém, tomar o cuidado para que não se faça destes bilhetes armas com as quais vai ferir o outro. Então, devem-se evitar cobranças ou "jogar na cara" as falhas do outro, senão isso criará um desconforto maior, o que prejudicará qualquer tentativa de melhora no desempenho sexual do casal.

Procurem participar de palestras e de seminários que tratam o assunto

Existem excelentes seminários e congressos que se propõem a ajudar os casais na área da sexualidade. Tais eventos contam com a participação de especialistas no assunto, e para quem valoriza o casamento e busca harmonia na vida sexual, estes seminários são muito úteis.

Ao participar destas atividades, o casal poderá perceber que outros casais também passam pelas mesmas experiências, e isto possibilitará uma maior motivação em direção a solução.

Visite um terapeuta de casais

São profissionais qualificados que se especializaram em ajudar os casais a encontrarem o melhor ajuste sexual e conjugal. São pessoas preparadas para o assunto e que deixam os casais muito a vontade, sem constrangimentos, para uma abordagem séria e profunda sobre o relacionamento sexual no casamento. Com a ajuda destes profissionais, os casais podem, a partir dos sintomas apresentados, ter um diagnóstico da saúde sexual, além de poderem ser encaminhados a médicos quando o problema verificado apontar tal tratamento.

Tomem a decisão de investir na vida sexual

Um casamento onde a vida sexual do casal é um fracasso ou é desajustada, não pode se dar o luxo de não querer investir na melhoria do relacionamento sexual. Casais que não se importaram com esta área, que não procuraram corrigir as pequenas coisas que apontavam para um desajuste maior, tiveram que experimentar o amargo sabor do divórcio ou decidiram viver sem desfrutar dos prazeres do sexo.

Casais inteligentes sabem priorizar as áreas de suas vidas que mais precisam de atenção, e quando esta área é a sexual, eles não hesitam em canalizar os esforços para a mesma.

Encarem o sexo como uma atividade lúdica

Sexo é momento de brincar, de relaxar e de se divertir. Quem não estiver disposto a praticar sexo como diversão não conseguirá experimentar todos os benefícios que ele proporciona. Tais benefícios vão muito além do orgasmo. As descargas emocionais, o relaxamento e o prazer da brincadeira, da sedução, da cumplicidade e da descoberta do outro... são ingredientes que favorecerão o casal a conhecer a linguagem do contato físico expressando o amor que devotam ao ser amado e o fortalecimento da aliança que fizeram perante o altar.

Não fiquem inertes diante de um quadro de desinteresse sexual. Lembrem-se: se há desinteresse sexual, é sinal de perigo. Reajam!

CONCLUSÃO

Um dos ingredientes mais fortes de um casamento é a expectativa que se cria em relação a ele. Todos que se casam o fazem com um desejo muito grande de serem felizes e de também fazerem o cônjuge feliz. Acontece que na prática o casamento difere, e muito, da teoria. O que se espera nem sempre se alcança da maneira e no tempo que se pensa. A harmonia conjugal não acontece da noite para o dia, e por isso, é preciso um tempo para que aconteça. Neste tempo, muitas coisas podem acontecer e sabotar o plano de "viverem felizes para sempre".

Porém, tais frustrações podem ser evitadas, ou pelo menos ter os seus efeitos minimizados. Para tanto, é preciso que se observem os sinais que apontam perigo para o casamento.

Sinais de Perigo no Casamento é um livro que propõe às pessoas a não desistirem de seus sonhos, pois se os sinais podem ser identificados, então, também podem ser eliminados e, desta maneira, o casamento pode seguir livre dos perigos e se fortalecer a cada dia. É plenamente possível viver um casamento duradouro e prazeroso, não há a necessidade de se acomodar no casamento de forma sofredora, também não precisa chegar a separação. Se quiserem, os cônjuges podem viver cada dia com prazer. Logicamente que os desafios existem, mas eles sucumbem diante de um casamento fortalecido.

Este livro não é para ser lido uma única vez como se fosse um romance ou algo semelhante. Antes, ele deve ser visto como um livro de consultas, onde, de tempos em tempos, os cônjuges voltem às suas páginas e busquem informação sobre um ou outro problema pelo qual o casamento esteja passando.

Todos os casamentos vivem conflitos, todos os homens e todas as mulheres são incompatíveis; porém, os conflitos precisam ser administrados com lucidez e paciência. Assim, ao invés de destruir o casamento, eles terminam por fortalecê-lo pela resistência que o relacionamento cria ao enfrentá-los. É importante lembrar que os sinais de perigo são sutis, é preciso ter sensibilidade e atenção para percebê-los e então, eliminá-los. Tão logo um sinal de perigo é identificado, os cônjuges devem empreender ações imediatamente para eliminá-lo, pois o tempo não elimina o perigo, não garante a permanência do casamento, não cura feridas. O tempo, é um excelente aliado para ajudar a vencer todas estas coisas, porém, é necessário que, ao longo do tempo, os cônjuges tenham atitudes que podem fortalecer e melhorar o casamento.

DANPREWAN
EDITORA

Produzido no formato 10x17cm
Capa impressa em triplex 250g
Miolo impresso em papel offset 63g
Impressão
SERMOGRAF
Impresso no Brasil/ *Printed in Brazil*